구름되어 부르는 인생노래

나의 일상생활 시

구름되어 부르는 인생노래

김 지 열 첫 시집

머리말

한평생 직장인의 길만 걸어온 나날들, 고장 난 열차처럼 멈추지 않고 달려온 나의 인생 열차, 정년이 되어 퇴직하고 중소기업 경영 자문으로 봉사하다 우연히 시인대학 선배 시인을 만나 시와 연을 맺었습니다.

'내가 시를 써 본다는 사실조차도 믿기지 않고, 허황한 것 같았지만 그저 엉덩이 붙이고 끄적거리면 된다는 말씀에 용기를 내어, 그냥 따라 하게 되었습니다.

관찰하고 생각하며 상상하는 시의 기본을 배우며 하루하루, 그렇게 한 달 두 달 지나 어느덧 시인대학을 수료하고 이제 그동안 끄적거렸던 설익고 풋풋한 시를 모아 곱게 단장해 봅니다.

부끄럽지만 그저 평범하고 솔직 담백한 생활시를 끄적이며 내 안에 숨어 있던 또 다른 나를 바라보고 누군가에겐 작은 공감의 자리를 내어줄 수 있다면 참 다행이겠다는 바람으로 이 시집을 내놓습니다.

첫 시집의 구성은 제가 살아온 날들을 아련한 기억 속에 더듬어 어릴 적부터 지금까지 주제별로 그룹 지어 나누었습니다.

1부에는 우리 동네에서 일어나는 일상의 풍경이야기를
2부에는 언제나 어머니 품속 같은 포근한 고향이야기를
3부에는 어딘가를 향해 떠나는 몸과 마음의 여행이야기를
4부에는 지나온 내 삶과 앞으로 가야 할 인생이야기를
5부에는 언제나 울타리이자 보금자리 같은 가족들
6부에는 내 곁에 있는 고마운 친구들과 모임이야기를
시적으로 표현해 본 것들을 각각 모았습니다.

한 마디로 쉽지는 않았습니다. 그러나 꿈도 꾸게 되었고, 희망도 보았습니다.
정말 마음이 뿌듯합니다.
고맙습니다.

2023년 12월 흰 눈 펑펑 내리는 날에
시인 能見 김 지 열

차 례

머리말/ 4

제1부 동네 이야기/ 13

서시-나의 노래/ 15
우리 동네 개울가/ 16
아빠의 침묵/ 18
이웃집/ 20
나무/ 22
개울가 가로등/ 24
광교산 오솔길 걸으며/ 26
발/ 28
국화/ 30
도토리/ 32
단풍나무 떨켜/ 34

제2부-내고향 찔레꽃/ 37

산딸나무꽃/ 39
뻥튀기/ 40
사과/ 42
어머니의 송편/ 44
벼 이삭/ 46
성묘/ 48
내 고향 찔레꽃/ 50
남한산성의 눈물/ 52
노인/ 54
막걸리/ 56

제3부 **여행-라인강 변 포도주**/ 59

월영교 야경/ 61
하회마을 여행/ 62
병산서원에 오르다/ 64
마음 다스리기/ 66
공항/ 68
라인강 변 포도주/ 70
노천온천에서/ 72
어느 겨울 손님/ 74
지하철 안에서/ 76
종점-인생 열차/ 78

제4부 인생-메아리/ 81

메아리/ 83
비상의 꿈-며르치/ 84
매미/ 86
손/ 88
인생느낌표 쉼표 마침표/ 90
한과-명품 인생/ 92
구름되어 부르는 인생노래/ 94
내비게이션/ 96
혼자 먹는 밥/ 98
욕망의 종점/ 100
눈 내리는 길/ 101

제5부 가족-홍시와 단감/ 103

홍시와 단감/ 105
내 꿈은 어디로/ 106
촛불/ 108
똥-아내의 꿈/ 110
목욕탕/ 112
생선 가시/ 114
아버지/ 116
어머니 손사래/ 118
우리 형제/ 120
성뫼길/ 122
큰아들은 이미 시인이었다/ 124
너와 나의 인사법/ 126

제6부 친구야 반갑다/ 129

새 친구 지하철/ 131
친구 사랑/ 132
부여 금지암/ 134
친구야 반갑다/ 136
동창생/ 138
모임 이름 단행시 모음/ 140
-아인드라이/ 140
-오성회/ 140
-이팔청춘/ 140
-만사칠칠/ 141
-성광회/ 141
-시인대학 9기생/ 141

에필로그/ 142

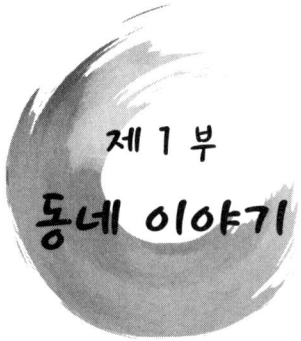

제 1 부
동네 이야기

서시-나의 노래

우리 동네 개울가

아빠의 침묵

이웃집

나무

개울가 가로등

광교산 오솔길 걸으며

발

국화

도토리

단풍나무 떨켜

서시-나의 노래

광활한 들판
정신없이 달려왔네

이제 다 왔나
정신을 차려보니
주변엔 여전히 흐드러진 들꽃뿐

메마른 대지 위 홀로 핀 너를 보니

비바람 속에서도 여전한 너의 모습
참 대견하고 아름답구나

이제는
그렇게 인생을 노래 부르리
나의 삶 나의 노래를…

우리 동네 개울가

자그마한 것이
소리 내며 달린다

아침햇살에
물안개 모락모락 피우며

맑은 물속 버들치
무리 지어 노닐고

이리저리 오가며
마냥 즐겁다

물 위 늘어진
수양버들 가지

찰랑찰랑 입에 물고
씨름하는 아기 오리들

오가는 사람들
발걸음도 총총

개울가 산책로는
평화롭기만 하다.

아빠의 침묵

아이들이 재잘거리며 아빠 손 잡고
뒷산 능선을 따라 다가온다.
똘망한 아이가 맨발로 걷는 나를
빤히 바라보다 아빠를 올려보며 묻는다

"저 사람은 왜 맨발로 걸어 발은 안 아파?"

아이 묻는 소리 등 뒤로 하고
귀 쫑긋 세워본다

잠깐 적막이 흐르고
이내 아빠의 답변에
발걸음 멈칫 선다.

"건강을 위해 한단다"
"응~건강에 좋은데 아빠는 왜 안 해?"

아이 질문에
순간 가던 길 멈추고
이마에 흐르는 땀을 닦고 있을
아빠 모습에 웃음 스친다

"비가 오려나,
얘야 얼른 가자
엄마가 기다린단다"

이웃집

엘리베이터 안 낯선 사람들 본다
층이 다를 뿐 한동네 이웃이건만
서로 관심이 없다
그저 남일 뿐

나 어릴 적 동네
이사 오면
떡 접시 정성 담아
이웃과 정 나누었다
지금은 멀어져 버린
정다운 풍습들

먼 친척보다
가까운 이웃이 낫다는데
누가 이웃에 사는지
알려 하지도 않는다

새 동대표 선거에
입후보자가 없단다
봉사할 사람 없다고 관리소장 혀를 찬다

내가 지원해 볼까
부족하긴 해도…
먼저 인사하는 정다운 이웃
작은 봉사 여유롭고 밝은 내일을 위해…

나무

오늘도
싱그러운 솔 향기 맡으며
나지막한 동네 뒷산 산책길 오른다

언제나 변치 않고
나를 반기고 감싸주는
크고 작은 정다운 나무 친구들

어제는
시샘하는 빗방울에
너를 못 보고
바람과 속삭이는
수줍은 목소리도 못 들었건만

오늘도
그 자리 서서 변치 않고
나를 반기는 네가 좋다
한없이 좋다

비 갠 아침햇살
너를 통해 부서지고
새들도 가지런히 앉아 인사를 한다

맑은 바람 전해주는
고마운 숲속 친구들
오래오래 건강하게 다 같이 살자

개울가 가로등

동네 개울가
산책로에 우두커니 서서
오고 가는 사람들 길잡이 한다

봄 여름 가을 겨울
마다하지 않고
항시 그 자리, 산책길 비추며
웃음을 잃지 않는다

새싹 나고 꽃 피고
매미 울고 바람 솔솔
어른 아이 강아지도 발걸음 재촉해 가고
이른 저녁부터 가로등은 제 할 일 시작한다

몸 성하든 성치 않든 거니는 사람들
큰길 두고 개울가로 귀가하는 사람들
건강한 내일 향해 걱정 말고 가라 한다

밝은 얼굴 가로등
오늘도 너로 인해
오고 가는 우리가
하루를 즐기며 걷고 있다

광교산 오솔길 걸으며

동네 뒤 능선 따라
광교산 자락 오르면
호젓한 오솔길이 나온다
여기서부터는 '맨발의 청춘'이다
발걸음은 날아갈 것처럼 가볍다

아스팔트 도로를 밟는 것과
한 발짝 떼어 밟는 오솔길의 흙에서 느낌
밟는 촉감, 이렇게 다를 수가…

발바닥을 통해
오솔길 흙이 뿜어내는
신선하고도 건강한 생명력
전달되는 것을
몸으로 느낀다

참으로 호젓하다 계곡이 그러하고
오솔길이 더 그러하다 풀만 그득하다

주인공이 된 오솔길 가만히 들여다보면
어제와 같고 화려함은 없다
그렇다고 초라하지도 않다
오솔길이 품고 있는 자연은 순수하고
스스로 소박하기 그지없다

사람은 저마다의 가슴에 길 하나를 내고 있다
주어진 길이 아닌 자기가 만든 소박한 길이다

뒷사람들을 위해
발자국을 더 꾹꾹 밟고 가는
아름다운 마음의 길
나는 오늘도 이 길을 걷는다

발

앗, 따가워
발가락 외마디 소리
깜짝 놀라 살펴보니 나무 가시 박혀있다

이른 아침 새소리
살랑대는 나뭇잎
숲 내음에
내 마음 다 빼앗겼나 보다

아침 숲속 걸음은 하루의 시작
상큼한 숲 내음
맨발바닥 온몸 깨우고
흩어진 생각들은
어느새 가지런히 앉아 있다

숲 너머
저 멀리 능선들
오르거니 내리거니

구름 따라
아침부터 경주하고

산길 따라 내려오는
가시 찔린 발걸음
아픔도 잠시

높은 하늘 아래
씩씩하게 아침을 연다

국화

높은 하늘
쳐다보며 홀로 핀 국화

이 계절
주인공 되어
소박하면서도 우아한 자태
뽐내며 언덕 위 버티고 있다

때로는
흰옷 갈아입고 슬픈 표정
상갓집 슬픔 달래주고 위로하며
때로는 형형색색 분홍 옷 빨간 옷
꽃밭 이루며 웃음 짓는다

다가올
북풍한설
이겨 내리라 다짐하듯
허리 꼿꼿이 세우고
으스댄다.

험한 땅 가리지도
아무렇지도 않은 듯
여러 해를 불평 없이 피고 지는 국화
소박하고 진실다움에 눈길 멈춘다

도토리

유난스레 큰소리
매미 울고 비바람 천둥 지나

쌓인 솔잎 사이로
올망졸망 모인 도토리

머리카락 다 빠지고,
빡빡머리다

그래도
작은 키 부끄럽지 않은
단단한 몸집
얼굴엔 윤기 흐르고
빤질빤질 단장하고 날 반긴다.

저만치 다가온 다람쥐 가족
솔 향기 그윽한 솔밭
도토리 향연 펼치고 있다

시골 장터 할머니
정성 담긴 묵 한 사발
어머니 장바구니 단골 되어
우리네 밥상 한자리 되었다

볼품없는
도토리와 다람쥐
우리는 어느새 식구처럼 하나 되었다

단풍나무 떨켜

지난여름 따가운 햇볕
비바람 듬뿍 품은 잎새
세상 근심 한가득
가슴앓이 찌든 얼굴

울긋불긋 예쁜 때때옷
단풍으로 갈아입고
표정 감춰가며
화려했던 지난날을 그리며
애써 잊으려 한다

찬 바람 불어오면
떨켜 마디는 어느새 살며시
단풍잎 밀어내며
다가올 이별 준비하고

거센 바람 만나도
꿈적 않던 마디 끝 떨켜
마침내 살랑이는 바람에
손 놓아 날려 보낸다

이별의 슬픔에 파르르 떨며
떨어진 잎새
봄 새싹 나오길
바라보며 누워만 있다

제 2 부
내고향 찔레꽃

산딸나무꽃

뻥튀기

사과

어머니의 송편

벼 이삭

성묘

내 고향 찔레꽃

남한산성의 눈물

노인

막걸리

산딸나무꽃

가냘픈 네 날개
살며시 펴들고
떨어질세라 마음조이며

언제나 살포시 감싸 주시던
울 어머니의 따스한 손길처럼

한가운데 받쳐 든
어여쁜 꽃봉오리
오늘도
환한 미소로 나를 반기네

뻥튀기

어릴 적 엄마 손잡고
읍내 장터 갈라치면

내 눈 항상 머물던
빙빙 도는 화통
뻥튀기

알알이 귀한
쌀 한 바가지
어떤 모습으로 나타날까
마음조이며

숨죽이고 바라보다
'뻥' 하고 나타난 네 모습에
화들짝 놀란다

하얗게 분 바르고
커다래진 몸짓으로
화통 속 뜨거웠던 인고의 시간

감춰보려 애쓰지만
갈라지고 터진 얼굴
그대로 있네

너를 반기는
아이들 함박웃음에
지난 일을 잊은 듯
엄마 입가에도 어느새 웃음이 가득

사과

주렁주렁 매달린 채
떨어질까, 마음 졸이며
제 몸뚱이 겨우 가누고

부끄러운 하얀 속살
남이 볼까, 푸른 옷 갈아입고
세찬 비바람에 파랗게 질린 얼굴

지난여름
뜨거운 햇볕 속에서
천신만고 다 자라 수줍은 듯
발그레한 얼굴로 주인을 맞네

과수원집
아이들 희망이 되어 무럭무럭 자라
이 세상 일꾼되어라
밀어주는 든든한 후원자

올가을
여전히 과일의 맨 앞자리에서
으쓱대며 세상을 맞네

어머니의 송편

덜거덩거리는 방앗간
송편 쌀 빻는 기계 소리
저 멀리 들려오고
명절 장터 방앗간 아저씨 손놀림
대목 보기에 신바람 난다

뒷산 소나무 정갈한 솔잎 따다
깨끗이 씻어 체 밭치면
어머니는 이리저리 달래어
예쁘게 너를 빚어
살포시 시루에 안친다

자작나무 불에 가마솥 김 모락모락
솔 향기 품은 송편 얼굴 빼꼼 내민다

내일이면 추석 한가위
일 년 중 가장 멋진 모습으로
모두가 반기는 너를
어머니는 그렇게 빚었나 보다

지금도 떡집 방앗간 솔나무 솔잎은
뒷산에 흩뿌려져 있건만

어머니 손길로
단장한 그 예쁜 송편
어머니의 손맛 못잊어
그리운 건 나이 탓만이 아니겠다.

벼 이삭

맑고 높은 하늘 아래
햇볕마저 따가운데
논두렁길 벼 이삭

가느다란 몸통에 머리 무거워
허리춤 숙이고
바람결에 하늘거리네

지난여름 모진 비바람
간담 서늘했건만
시간은 너의 편
결실이 문턱에 와 있다

알알이 탐스러운
쌀알 입에 한 움큼 물고서
참새 쫓는 허수아비에 고맙다 한다

농부 이마에
맺힌 땀방울 훔치며
살찌운 네 얼굴에
신바람 콧노래 흥겹다

올해도 풍년이로구나
에헤라디야
이삭도 신이나 덩실덩실 춤춘다

성묘

저 멀리 능선
서로 높이 자랑하고
깊은 산속 그 속에 선대 조상님 묘소

어릴 적
아버지 따라가 뵌 적 있다
정성스레 성묘하고 내려오는 길

친척 아저씨
커다란 왕밤 한아름 주워
착하기도 하며 안겨 주셨다

조상 잘 모셔야 한다는 아버지
살아생전 묘소까지 준비하시고
자식들 수고까지 덜어 주셨다

할아버지 곁에서 늘 평안하신지
올 추석 성묫길에 여쭤봐야겠다.

이제 나도 늙었나 봐.

내 고향 찔레꽃

찔레는 어떤 어려움에도
결코, 지치지 않는다

새순 꺾는 개구쟁이 손놀림에도
농부의 낫질에도 다시 싹 보이며

보아주는 이 없이
수백의 하얀 꽃
올해도 피워 내곤 한다

언덕이고 벼랑이고 돌밭이고
개울가 어디라도
불평 없이 자리 잡고 앉아
햇빛과 비바람과 친구 하며 그렇게 산다

외딴곳에서
혼자 살아가는 법을 찾아내고
하늘과 구름 지붕 삼아 벗 삼아
풍류를 읊으며
마음 쌓였던 엉킨 설움 안으로 순화시켜
작고 보드라운 하얀 꽃 올해도 피워 낸다

절망을 이겨내는 강한 의지가 있고
자연 벗 삼아 세상 품고 꽃 피우는
덤불 수북한 산어귀 내 고향 찔레꽃

힘든 세월 지나면서도
드디어 새봄이 돌아오면
하얀 꽃을 피웠던 연신 우리네 어머니다
오늘도 너를 보며 살아가는 지혜를 본다.

남한산성의 눈물

참 오랜만에 동창들과 함께한 남한산성
늦가을에 슬픈 얼굴로 우리를 맞는다

수십만 대군도 넘지 못한 천의 요새
한양도읍 가까이 임금행궁 자리 잡았다

유네스코 세계유산 자랑할 법, 하련만은
역사의 굴레바퀴 속엔 쓰라린 흔적들
지난날 아픔 하나둘 끄집어 본다

소중한 문화예술 세월에 묻히고
비바람 지친 비석 위엔 희미한 글씨들

민심이 천심이고 천심이 곧 임금일진대
"성밖엔 청나라 말뿐이고,
성안엔 신하들 싸우는 말뿐이다"
임금님의 한탄

400년 지난 지금도 가슴 와 닿는다
예나 지금이나 힘없는 나라의 설움
지난날 오랑캐 발아래 무릎 꿇으니
만백성 통곡 소리 나라 무너진다

역사의 수레바퀴 다시 구르고
우리는 세계가 놀라는 K-강국
뭉쳐 일어서 또다시 저력 떨치리라

산성 저 멀리 타워는 하늘과 대화하고
온 국민 환희의 소리 아 대한민국!

노인

엄마의 고통 속에
태어난 아이
세상 나왔노라
목청 높여 돋아 울고

동네 사람 부러워하던
서울 올라간 학생
훌륭한 인재 나라 일꾼 되었지

이제는
하얀 머리 넘기며
달리는 차 창에
지난날 그리다

노인은 이내
말없이 고개를 떨구고
힘겨웠던 세월
보드라운 베개 삼아

건강하고
소박한 내일
꿈꾸며 살아간다.

막걸리

농부들 콧노래
모내기가 한창
누렁이와 꼬마는
동네 양조장 길로

막걸리 한 주전자
받아 들고
서둘러 돌아오는 길
목이 마르다

뚜껑에
조금 따라 맛을 보니
시큼털털한 맛
뒤 끝은 달콤하다

아이야 서둘러라
농부들 기다린다
막걸리 한잔에
땀방울 날아가고

푸른 새내기 모들은
바람에 살랑살랑
서산 지는 해
굴뚝 연기와 친구하고 있다.

제 3 부
여행-라인강 변 포도주

월영교 야경

하회마을 여행

병산서원에 오르다

마음 다스리기

공항

라인강 변 포도주

노천온천에서

어느 겨울 손님

지하철 안에서

종점-인생 열차

월영교 야경

안동댐 아래
낙동강 물줄기 가르는 다리

걷다 보니
다리 위 낯선 정자 불 밝힌다

밤하늘 하얀 반달
방긋 웃음 정겹고

월영교 내려보니
물속에 반달이 또 있다

월영교 달빛 향연
내 마음과 하나 되었다

하회마을 여행

차창 밖 색동옷 입고
달리는 가을
세월을 뒤로하며
어서 오라 손짓한다

노랫말 흐르는 안동역에는
역사와의 만남
알리는 서곡이 흐르고

낙동강이 마을을 감싸며
휘돌아 감는 하회마을
가을잔치 벌인다

누런 벼 이삭
논두렁에 누워서 쉬고
목화밭 하얀 솜털 허공에 날리며
주렁주렁 매달린 감나무 힘에 부쳐한다

병풍 두른 소나무 부용대 올려보며
나 믿으라 소리치며 마을 지킨다

마을 어귀 초가지붕 어깨동무 정겹고
둘러싸인 기왓장 높은 집은 벼슬 뽐낸다

마을 한가운데 장엄하게 서 있는 느티나무
700년 긴 세월 수호신 되어 마을 지킨다

고즈넉한 전통 마을 길이길이 보전하세

병산서원에 오르다

안동 하회마을 인근 교육 시설
병산서원 유네스코 세계유산
조선시대 대표적 유교 건축물
시애 류성룡 선생 배향서원이다

서원으로 향하는 길은
문화유산 보전한다 옛길 그대로
입구 노란 옷 입은 '천사의 나팔꽃'
고개 숙여 인사한다

낙동강 은빛 백사장 맑은 물 굽이쳐 돌고
병풍 두른 듯 병산이 서원을 감싸고 있는
한 폭의 동양화에 그저 감탄 소리뿐

대한민국 가장 오래된
목조 건축물 중 하나인 만대루
쓰러질 듯 버티며 오랜 세월
유생들 외로움을 달래주었던 누각

둥그런 기둥 사이로 펼쳐지는
병산 풍경은 액자 속 사진이었다

입교당 유생들의 고달픈 마음
시름 허공에 날리고
우렁차게 글 읽는 소리 들리는 듯하다

우리 민족 절제된 마음과 자연을
지키고자 하는 민족성 가장 잘 보여주는
이곳에서 후손들은 어려움을 이겨내는
지혜와 여유를 배워서 간다.

마음 다스리기

강원도 원주시 학성동
지금은 신시가지에 밀려났지만
30여 년 전엔 도심 한 가운데였고
그곳에 큼지막한 군 법당

주일이면 일주일 내 지친
인근 군부대 병사들의 휴식처
법사님 설법 찬불가 소리에도
병사는 연방 꾸벅꾸벅 인사한다

꿀맛 같은 단잠에 앉아서 코 고는 소리
설법과 사이좋게 친구하고 그때마다
주위에서 깨울라치면 법사님은 놔두라 하셨다

예불 끝난 후 햄버거와 음료는
절을 찾는 병사들에겐 또 다른 기쁨
군 훈련 시절 공짜로 먹는 먹거리는
예나 지금이나 최애(最愛)이다

불자로서 절에 와 평온한 마음
맛의 기쁨 얻는 것 또한 불도라 하신다

사물을 깊이 있게 관찰하며,
마음 모아 숨 쉬고 미소 짓기를 서원합니다
자비와 연민 기쁨과 평정의 수행,
중생들 고통 이해하기를 서원합니다
아침에 한사람 기쁘게 하고,
저녁에 한사람 슬픔을 덜어 주기를 서원합니다
단순하고 맑은 정신 적은 소유로 만족하며,
몸과 마음의 건강 지키기를 서원합니다
가볍고 자유롭기 위하여,
근심과 걱정을 놓아 버리기를 서원합니다

전남 해남 땅끝마을 아름다운 미황사
주지 금강 스님의 제주 원명선원 취임 법회
서원문 보며 마음을 다스려 본다.

공항

주변은 아직 어두운데
눈 비비고 일어나
공항버스에 몸 실었다

긴 코로나가 머물다 간
후유증인가
이른 새벽 국제공항 왠지 낯설다

오랜만의 국제선 공항
이전보다 한층 사람들로 분주하고
번듯하게 단장한 세련된 공항 모습

언제나 시작을 알리는 서곡
설렘과 기대 두려움마저 안고
비행기에 몸을 싣는다
여행이 그러하듯 나를 키운다

공항은 언제나 여행 마지막 종착지
아쉬움과 미련 안도와 휴식
가족들이 기다리는 편안한 곳
여행이 그러하듯 나를 살찌운다

공항은 언제나 낯가리지 않고
누구에게는 이별의 아픔을 주고
누구에게는 만남의 기쁨을 준다
여행이 그러하듯 세상을 품는다

언제나 같은 자리에서
변치 않는 너를 보며
참 마음을 깨닫는다

라인강 변 포도주

성곽 아래 펼쳐진
끝없는 포도밭
밭 아래 라인강은 말없이 굽이 돌고

따가운 햇살
알알이 맺힌 포도송이
시원한 동굴 속을 그리워한다

수년 수십 년
캄캄한 오크통 속에서
숨죽이며 세월을 삭히며 산다

세상 밖 나온
기쁨에 어우러져
사람들 즐거움이 곧 나의 즐거움

진한 포도 향기
오묘한 맛깔까지
신의 축복인가
하늘의 계시인가

사람들은
칭송하며 노래한다
황홀하고 맛깔스런 너의 노래를…

노천온천에서

저녁녘 도야호
호숫가 노천온천
호수 건너 멀리 양제산 줄기

눈앞 말없이
반듯하게 누운 능선
피어오르는 물안개에 모습 흐린다

서늘한 바람은
시샘하듯 얼굴 스치며
따스하고 부드러운 물속 온몸 적실 제

큰 숨 들이마셔
가슴 두툼 부풀리고서
이내 길게 내쉬며 지그시 눈 감는다

행복이 무엇이며
어디에 있던가
물속에 잠긴 행복
하나 꺼내어 보니

눈앞 펼쳐진 고요한 세상
그 안에 있다.

어느 겨울 손님

어머, 눈 오나 봐
환호하는 아내
차창에 희끗희끗 싸래기눈 붙었다.

11월 이른 설경 상상만 해도 설렌다
천상의 삿뽀로 복 받았다
야호!

호텔 짐 풀고 서둘러 외출 준비한다
온천 계곡 산책 일품이란다
급한 마음에 로비를 나서는 순간
들어오세요!
가이드 다급한 소리

이내 바람에 무언가 얼굴에 와닿는 감촉
유키무시다 싸래기 같은 눈 벌레
이상기온 겨울에 나타난다는
일본 북해도 지역 하루살이 벌레

해를 가리며 날리는 눈 벌레
숨을 쉴 수가 없다 산책 포기하고
가이드 앞에 두고 엉뚱한 자연 공부

지구 온난화가 원인이란다
겨울이 겨울답지 못해 찾아온 손님

인간이 자연을 아무렇게나 대하니
자연이 아파 아무거나 던졌나 보다

겨울 축복 하얀 눈꽃 대신
하루살이 미물 세상에 날려 보낸다
자연은 받은 만큼 꼭 되돌려 준다

지하철 안에서

뭐라구
좀 크게 말해봐
잉 그려 그러케 혀~ㅠ

오늘만 파는 겁니다
우리나라에서 개발한
신개발품 단돈 오천 원에…

여러분 예수님 찬양합시다
하나님 믿어야 천당 갑니다~

노인들 전화 소리, 장사꾼 호객 소리…
교인 포교하는 소리

예전엔 신경 쓰이던 이 소리들
이제는 덤덤히 귓등 스쳐 간다

나이 먹는가 보다
서글픈 생각에
가슴만 먹먹해진다

애써 태연한 척 끄덕이지만
내 눈은 차창에 멈춰 서 있다.

종점-인생열차

달리는 열차에 흔들거리다 보니
사람들은 분주히 타고 내린다

인생이라는 열차
우리는 희로애락의
무거운 짐을 안고
목적지 향해 여행을 한다

때론 정거장에서 쉬었다가
이내 다시 달리는
인생 열차

같은 열차를 탔지만
종점은 제각각
꿈과 희망
돈과 명예 건강이 목적지

실패와 절망
병고가 낯선 정거장처럼
어김없이 기다리지만 잠시 머무를 뿐

좌절을 딛고
용기라는 연료를 받아
다시 기적소리 울리며 간다

긴 시간 앞만 보고 달리다 종점
그제야 비로소 무거운 짐을 벗는다.

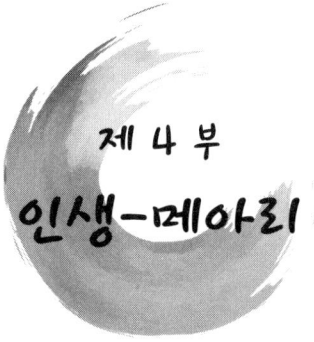

제 4 부 인생-메아리

메아리

비상의 꿈-며르치

매미

손

인생느낌표 쉼표 마침표

한과-명품 인생

구름되어 부르는 인생노래

내비게이션

혼자 먹는 밥

욕망의 종점

눈 내리는 길

메아리

아쉬움이 많아 가다 말고
다시 돌아와 내게 들려주곤 한다

"야호"
저 멀리 던지면
이내 곧 가다 말고 내게 되돌린다

이제 가면 잊힐까 돌아와
제모습 비춰주며 웃음 짓는 나를 보고
마음 놓이듯 잰걸음에 제 갈 길 재촉해 간다

이제는 뒤돌아보지 말고
어여 너의 꽃길 가려무나
나의 꿈 나의 희망 나의 인생아

비상의 꿈-며르치

하늘 향해 차오르다
어망에 걸린 걸까
네 바람이었을까

비상하는 듯한
네 마지막 모습
참으로 아름답구나

어두운 물속에서 동경하던
해를 향해 한껏 날아보네

아서라 바깥세상
그렇게 화려하지도
아름답지도 않단다

지금
네가 살고 있는 그곳이
가장 편안하고

지금의 네 모습이
가장 아름답단다.

매미

아파트 창문만 열면
매미 소리가 이른 아침부터
유난히 컸던 올여름

지난 5월 초여름부터 9월 늦더위까지
지구는 연탄불 난로 마냥
벌겋게 달아올랐다
찌는 무더위 온 산야
대지도 땀 뻘뻘

동네 꼬마 녀석들
아랑곳없이 놀이터 물장구치고
나무 위 매미도 질세라 목 터져라, 울어댔었지

어느새 나무 위
매미 울음 그치고 바람 솔솔
지난날 고통 다 잊어버린 채
바람에 몸 맡긴다

매미 박제와
그 허물을 보고 비로소 너를 느낀다
세상 더위 알리려 우는 줄만 알았는데
허물 찢고 나오는 고통 참아내려 울었나 보다

모진 비바람 무더위 이겨내고
두 날개 휘저으며
힘차게 날아오르는 매미
우리네 삶과 무엇이 다르랴

손

손마디가 아파 와
깜짝 놀라 가만히 들여다보니
어제는 안보이던 굵어진 마디가
내 눈에 들어온다

아픈 모습 알아달라
시위라도 하려는 걸까

내 나이 어느덧 지나온 나날 높이 쌓이고
이제부터 후회 없이 살라 말해 주지만
왠지 서글픈 생각이 든다

지난 세월 나와 같이 고생한
사지육신 한 부분인 네 모습에서
이제야 나를 본다
무심한 사람

짧지도 길지도
못생기지도 않았고
아프지 않고 그동안 잘 살아왔구나

슬퍼 말아라
네가 있기에 이 짧지 않은 세월
밥 잘 먹고 일 잘하며 살아왔으니
이, 또한 너의 공인 것을 감사한단다

앞으로도 너를 보며
나를 소중히 여기며 살아가련다.

인생은 ! , .

살아온 나날 한발로 깡충깡충
지나온 시간을 뛰어가다
귀를 쫑긋 주변을 느껴본다
!
거꾸로 얼굴 처박은 듯

가다가 힘이 들면 멈추어 서서
가쁜 숨 몰아쉬다 이내 다리 만지며
땅바닥에 웅크리고 앉아 쉬고 있다
,
작은 조약돌처럼

발아래 하얗게 눈 덮인 한라산 설경
산야를 품고 있는 너를 느끼며
쉼은 내 인생 이정표이고 지팡이

얼마나 시간이 흘렀을까
다시 일어나 남은 길 재촉해 간다

남은 시간도
"돌아보면 후회 없는 마침이었다"
말할 마침표 하나
.
이렇게 쿡 찍고 가야겠다

한과-명품 인생

흰옷 고귀한 자태로 흔치 않은 우리네 한과
사람들 눈과 손이 멈추지 않는 명품 과자

할아버지 제사상에 항상 맨 앞줄에 앉아
정성스레 잔 올리는 아버지와 마주하곤 한다

바삭하고 한입 물어 제끼면 달착지근하면서도
조금은 씁쓸함마저도 품고 있는 오묘한 과자

그 옛날 과자가 귀했던 시절엔
명절이나 제삿날에만 맛볼 수 있었던 귀한
우리네 한과 일품이었네

세월은 흘러 이제는 어린아이들도 외면하는
이름만 전통 과자 그 옛날 명품 자리는
어디에도 없는 듯하지만

겉은 아버지처럼 엄하고
속살은 어머니 손길 같은 맛난 과자
내 마음속에 그대로 있다

한평생 딱딱하고
아옹다옹 바쁘게 살아 온 나날들

이제는 명품 과자처럼 부드럽고
맛나게 살아간다면

친구야 우리네 인생도
명품 인생 되지 않겠나!

구름되어 부르는 인생노래

정처 없이 흘러 흘러가는 구름아
가다가다 어깨 짐 무겁거든
조금 조금씩 내려 주고 가시게
단비 되어 새싹 움트는 기쁨 준다네

검은 얼굴 화난 모습 먹구름아
힘들고 지쳐도 다 내려 놓진 마시게

천둥 번개에 굵은 눈물 흘리면
세상 놀라 두려움에 근심이 가득
그 큰 몸 넓게 펼쳐 따가운 햇볕
한여름 무더위나 식혀 주고 가시게

하늘 높이 피어오르는 뭉게구름아
두루두루 내려보며 덩실덩실 춤사위
오곡 백화 무르익어 풍요로운 세상
말 살찌고 농부 구슬땀 신바람 난다

이제 아쉽지만 한 세상,
잘살았거든
북풍한설 함박눈 하얀 솜이불 되어
새봄 맞는 새싹 포근히 덮어 주게나

내비게이션

양평 가는 고속 국도에 차를 얹었다
요즘 하루 다르게 새길 나타나 침이 마른다

한동안 가다가 갈래 길 만나
내비 보고 들어섰건만 뱅뱅 돌아 엉뚱한 길

나이 탓인가?
그동안 운전 안 해 감 떨어진 걸까?
친하던 내비도 이젠 내가 싫어졌나 보다

난 내비 떠드는 소리 거슬려 끄고 다닌다
옆자리 아내 내비 소리 안 나 헷갈린단다

지도 보며 다닌 시절엔 미리 길 외웠고
모르는 길 차 세우고 확인하며 다녔다

문명의 이기 덕에 편리하긴 해도
점점 바보가 되어가고 있다

이제 내비 없는 새로운 길 전혀 못 가고
지름길 감각 떨어져 시도조차 못 한다

얻는 것이 있으면 잃는 것도 있는 법
무엇이 나를 위한 건지 잘 모르겠다

세상도 생각하며 살자
그저 알려준 대로가 아닌

인생은 내비처럼 바뀔 때마다 알려주는
길도 없고 소리도 없으니 말이다

혼자 먹는 밥

혼자 마시는 술
혼술은 사연을 품고 있다
슬픈 일, 속상한 일, 기분 좋은 일…
아무런 생각 없이 마시는 술까지

인생사 별거 있나
다 그리 사는 게지

혼자 먹는 밥
혼밥도 그 속엔 사연이 있다
시간에 쫓기는 사람들 외톨박이
홀로된 여생 보내는 사람까지

남 눈치 볼 거 있나
다 그리 사는 게지

이 모든 사람 중 단연 으뜸은
혼자 먹고 마시는 걸 즐기는 사람
세상 탓하지 않고 자신만의 세상
도화지에 묵묵히 그리는 멋진 인생

어차피
홀로 왔다
홀로 가는 것이 인생이라면
맘껏 한번 그려 보시게

욕망의 종점

지하철 순환선은
종점이 없네
내가 내리는 곳이
바로 종점이라네

우리네 욕망
다람쥐 쳇바퀴 돌 듯
뱅뱅 돌다 지나 보면
항시 그 자리

인생의 욕망
가다가 내리면
그곳이 바로 종점
아니겠는가

눈 내리는 길

걸어갈 길

내 마음의 길

내가 만들며 가는 길

뽀드득 소리 내며 웃는 발자국

뒤에 오는 이름 모를 사람 반긴다

제 5 부
가족-홍시와 단감

홍시와 단감

내 꿈은 어디로

촛불

똥-아내의 꿈

목욕탕

생선 가시

아버지

어머니 손사래

우리 형제

성묫길

큰아들은 이미 시인이었다

너와 나의 인사법

홍시와 단감

주말에 막내 아내 셋이 마트 들렀다
늦가을 홍시가 붉은 얼굴로 맞는다

난 어슬렁거리며 아내 눈치를 본다
아내는 한 박스, 막내를 본다

막내는 어느새 단감 앞에 서서 만지작만지작
난 단감 먹을 건데 하며 고르고 있다

"같은 감인데…"
아내 혼잣말에 난 주춤
괜스레 심통이 난다
나는 항상 2등이다

엄마 마음 이런 건가, 돌아가신 어머니
내 마음대로 했다 나는 항상 1등이었다

내 꿈은 어디로

아침 일찍 창문 여니
바람 상쾌하고 하늘은 높다
오늘은 뭔가 좋은 일이 있을 것 같다

부엌에서 아내가 나오며
기분 좋게 하루를 열어준다

나는 꿈을 자주 꾼다
이런저런 꿈을…
해몽 인터넷 찾아 보고 복권도 산다

결과는 같다
언제나 꽝이다
아내 빈정에 내가 하는 말
"내가 무슨 띠? 개띠!
그럼, 내 꿈은 개~꿈"

그렇게 내 꿈은
오늘도 나를 두고 줄행랑친다

촛불

세상 불 밝히려
자신을 태우는 너

바람에 흔들릴지언정
꺼지지 않네

무슨 사연 그리 많아
흐느적거리며
꺼지지 못하고
자신을 태우느냐

흐르는 눈물은
네 영혼
네 육신
아쉬워 말고
서러워 말아라

너로 인해
세상이 밝아졌으니
온 세상 너와 같이 더불어 살고

마지막 눈물이
마르기 전에
너의 간절한 바람도 이뤄지겠지

똥-아내의 꿈

밥상머리 앉자마자
아내가 말을 꺼낸다
여보, 오늘 내 꿈 사요

글쎄~ 아 이번엔 무슨 꿈이길래
아내 꿈은 믿을 만하다 막내 태몽까지

거금 들여 아내 꿈 샀다
그것도 즉석에서 현찰로
잔뜩 기대 부풀어 아내 몰래 잊었던 복권까지

또 꽝이다
오천 원도 안 되다니
난 공짜는 안 돼
아내에게 물었다
무슨 꿈인데 거금에 내게 팔았는지

아내 말이 황금색 똥을 바작으로 쌌단다
와 대박이다
그러고는 한마디

당신이 대박 나면 나는 대대박!
당신이 건강하고 대박 나야 내가 편하지
깔깔 웃는다

맞는 말 이다
내 나이 육십 훌쩍 넘었어도
아내도 자식도
지금까지 나를 믿어 주기에

난
오늘도 씩씩하게 집을 나선다

목욕탕

어릴 적 내가 싫어했던 동네 목욕탕
아버지는 항상 날 데리고 가셨다

돌아오는 길에
어김없이 좋아하던 과자 사주시며
"시원하지" 하셨다

난 한 번도
시원한 기억이 없다
맛나고 비싸던 센베이 과자밖에는…

뜨거운 탕 속에서
시원하다 하시며
흥얼흥얼 노래도 하셨다

탕 속 뜨거움도
때 밀어주실 때 아픔도
센베이 과자에 모두 녹아 버렸다

세월이 흘러
아들만 둘인 나에겐
여전히 목욕탕은 짐이고 어려운 곳이다

오늘은 어떻게
두 아들 달래서
목욕탕을 데려갈까 궁리하곤 했다

처마 밑 낙숫물 항상
그 자리에 다시
떨어지는 이유를 알 것만 같았다.

생선 가시

지난봄 아내 퇴원 후 입맛 돋우려
즐겨 가던 매운탕집 찾았다
시원한 우럭매운탕 일품이다

모처럼 맛나게 먹던 아내가 급히 멈춘다
허걱
가시가 목에 걸린 게다
그것도 억세기로 소문 난 우럭 가시다

당황하여 민간요법만 생각난다
맨밥 한 숟가락 꿀꺽 삼키게 하곤
아파하는 아내 데리고 또 병원행

한참을 씨름하던 응급실 의사 하는 말
맨밥이 가시를 밀어 넣어 찾을 수가 없단다
병원에선 최악의 상황만 나열한다.

빼기를 포기하고 돌아와 가시가
스스로 내려가길 기도해 본다

퇴원하자마자 어처구니없는 일이
순식간에 닥치고 머릿속은 하얘진다
짧은 시간 많은 생각들이 분주히 드나든다

좋아하던 생선 매운탕도 앞으론
가시에 허 찔린 채 안녕이다

한참을 지나 아내 표정이 살아난다
다행히 최악의 상황은 비켜서 간 듯
"감사합니다" 절로 나온다

어디서부터 무엇이 잘못되었나?
하찮은 일이라지만 만사 조심조심
이제는 세상 그리 살아가는가 보다

아버지

나 어릴 적 베갯머리 잠결에
머리 쓰다듬어 주시던 아버지의 손길
무탈하게 잘 자라기만 바라시던
그런 마음이셨겠지요.

어른 공경하고 선생님 말씀 잘 듣고
바르게 살아라 엄격하시던 아버지
험한 세상 살아가는 이치 깨닫기만 바라시는
그런 마음이셨겠지요.

나이가 드셔 아파 와도 늘 괜찮다 하시며
건강하다고만 하시던 아버지
자식들 걱정할세라 안심시키려 하시던
그런 마음이셨겠지요.

서른도 훌쩍 넘긴
막내아들 출근길에 운전 조심해라
어엿한 한 가정의 가장이 된 큰아이
멀리서 온 안부 전화에
난 괜찮아 밥 잘 먹고 몸 상하지 마라
당부하는 나를 보며 그 옛날 아버지도
그런 마음이셨겠지요.

이제야, 그 빈자리 한없이 커 보입니다
사랑하는 우리 아버지

넓고 깊은 은혜에 감사드리며
못 다한 마음 죄송할 따름입니다
추석 성묫길에 찾아뵙겠습니다.

어머니 손사래

어릴 적 부엌에서 맛난 음식 만들 때면
살며시 눈치 보다가 얼른 집어 먹곤 했다
어머니는 내게 하지 마라
손사래 치셨다

동네 아이들과 종일 뛰어다니다 해 기울면
아버지께 혼날까 무서워 기둥 뒤 숨어 있었다
어머니는 내게 살짝 들어오라
손사래 치셨다

서울 간 막내아들 시골집 다녀 올라갈 때
보따리 보따리 들려주시며 문밖까지 나와
어머니는 내게 어여 가라
손사래 치셨다

구십 가까운 어느 해
병원에서 집으로 향하는 길에
내게 업히시라 등 내드려도
어머니는 괜찮다 하시며
손사래 치셨다

자식 맛난 거 먹이고
잘 되길 바라시며
힘들지 않길 바라는
어머니 사랑 손사래

어머니 손사래는
그날이 마지막이었다

우리 형제

부모님 살아생전엔
모시는 형제가 으뜸
모두 존중해 주며 서로 도우며 살았다

종교가 다르고
정치적 생각도 다르지만
다투지 않았던 건 말하지 않았기 때문이다

세월이 흘러 막내가
육십 중반을 넘어서고
세상이 각박하여 자신 말고는 의지할 곳 없어

모두가 자신의 건강에
우선해야 함을 아는 터
도시 생활에 익숙하고 살아가기 바쁜 현실

가까이 얼굴 맞대고
살 순 없지만
아끼고 소중한 마음으로
안부 전화라도 눌러야겠다

늦가을 초겨울
찬 바람이 창문 두드릴 때면
어린 시절 군고구마 까주던
따듯한 형제들 손길이 그리운 밤이다.

성묫길

지난봄 새싹 움트는 한식날 성묘 다녀오고
추석날 아침 식구들과 고향 성묫길 나선다

고향 산소 가는 길
차 막힐까 지도 보며 재촉하니
운전대 막내아들 걱정 말고 한잠 주무시란다

기특한 녀석
어느새 내 자리를 차지하고
으스대며 운전한다.

아버지 살아생전 항상 조수석에 앉으시어
고향길 왼쪽 오른쪽 가르치시곤 하셨다

깜박 졸다가 잠 깨어 왼쪽 오른쪽
가다 보니 낯선 길이 눈앞에 누워 있다

이제는 하루가 다르게 새길이 나고 기억만으로
차 막히는 고향길, 어설픈 길 안내, 낭패 보기 십상
내비 잘 보고 가고 있는 애한테 괜한 간섭
뒷좌석 아내 핀잔, 귓등 때린다

한참 이리저리 헤매는데 배에서 신호한다
임시휴게소 컵라면 허겁지겁 허기 채운다

평소 3시간 거리 7시간 만에 성묫길 녹초 되고
돌아오는 귀경 밤길 내내 마음 졸였다

고맙다 아들아 그래도 고향길 잘 다녀왔구나
딸 가진 친구들 항상 부러웠는데 오늘은 KO승

아들이 있어 행복하고
든든한 날도 쌓여만 간다.

큰아들은 이미 시인이었다

여보,
아들아

나도 시를
좀 써 볼까?

생활 시
온 가족 눈이 휘둥그레진다

평생 공돌이가?

미국 큰애한테
즉흥시 '나의 노래'
한 구절 보냈다

이튿날 새벽같이
아들도 찬성의 답시를 보내왔다.

너와 나의 대화법

아침 눈뜨면
어김없이 내게 다가와
쓰윽 지나며 비빈다
"안녕?"

반쯤 뜬눈
귀찮은 듯 머리를 한번
쓱 만져주곤
"안녕!"

누군가 그랬다
양이는 싹퉁 없다고
어찌 보면 그럴 수도 있겠다

같이 살다 보니
그게 아니다
녀석은
그게 나름 대화법이었다

오늘도 살갑지만
살갑지 않게
녀석처럼 인사를 건네 본다
"안녕!"

아내가 박수 치며
깔깔 웃는다
아이쿠야
큰아들은 이미 시인이였다

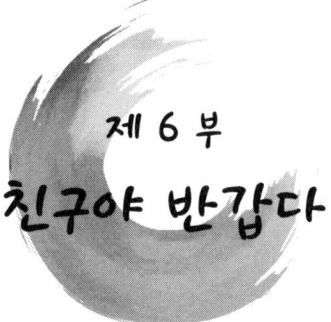

제 6 부
친구야 반갑다

새 친구 지하철

친구 사랑

부여 금지암

친구야 반갑다

동창생

모임 이름 단행시 모음

-아인드라이

-오성회

-이팔청춘

-만사칠칠

-성광회

-시인대학 9기생

새 친구 지하철

기억 속에서 멀어지는 장사꾼 소리
예수님 찬송 교인 목소리
이제는 노인들의 통화 소리가
그 빈자리를 메운다

듣는 둥 마는 둥 지하철은 제 갈 길 가고
어느새 도착역 표지판이 눈앞에 섰다
깜짝 놀라 허둥지둥 문 닫힐세라
발을 옮기니 지하철은 금세 내빼버린다.

휴
가쁜 숨 몰아쉬고
이내 반가운 이들이 기다리는 곳으로
발걸음 재촉해 간다
그래도 고맙다
나의 새로운 친구 지하철

친구 사랑

꿈도 많고 마음 여린 학창 시절
웃음거리 박장대소 슬픈 영화 눈물 찔끔

친구 눈에 비친 세상은 한없이
맑은 거울이었다

청년 되어 열정으로 젊음 불사르던 전우들
이 한 몸 나라 위해 충성 주먹 불끈 쥐었지

한 가정 가장되고 사회 일꾼 되어
세상 짐 너와 내가 나누어지고
소주 한잔에 온갖 괴로움 날려보냈지

이제 부모님은 다른 세상
자식도 제 갈 길 가고
주변엔 자네만 보이네
그려

친구여 자네가 있어
언제나 행복하였네
부디 아프지 말게나

가는 시간 아쉬워
붙잡지 말고
오는 시간 보듬으며
살아가세나

정녕 아쉬움 남으면
내일은 자네와 나
막걸리 한잔에
지난 시간들 그려 보세나

부여 금지암

부여군 내산면 월명산 깊은 산속 암자
청운의 꿈 안고 뜻 모은 스터디 그룹
오성회 친구들과 눈 덮인 암자를 찾았다

무릎 빠지는 눈 헤치며
등엔 김 모락모락
겨우 도착하니 오후 세 시 조금 지났건만

어느새 석양 절간엔
고양이 한 마리와
주지 스님 한 분이 웃으며 맞는다

엄숙하고 고요한
산속은 공부 재촉하니
별채에 자리하고 책장 넘기니 해 저문다

새벽 세 시
어김없이 스님 예불 시작되고
비몽사몽 꿈이런가 은은한 풍경소리

구수한 된장국 냄새 코끝 간지르고
시원한 김장 김치 하나에 밥 한 그릇 뚝딱

책과 씨름하다 지치면
산과 구름과 눈과 바람이 친구 되어
우릴 달래어 준다

가족들 얼굴
고기 굽는 냄새 쓴 소주 한잔
잠깐이나마 이토록 그리운 적 있었을까

인생 뒤안길 한구석에 웅크린 추억들
끄집어 보니 나에겐 소중한 친구다

친구야 반갑다

책장 속에 꼭꼭 숨어
자신을 감추고 있던
중학교 앨범을 끄집어 본다

앞뒤에 앉아 토닥거리던
50년 지기 중학교 동창

앨범 속 친구는 그대로인데
전해 받은 사진 속 친구는
반백 되어 웃는다.

저 멀리 이국땅 이민 설움 견디고
성공은 했다지만 긴 세월 어찌 세었나

메일로 위로와
축하 인사라도 해야지

친구야
반갑다 정말 반가워
우리 그리 멀지 않은 시절에
다시 만나자

허연 머리 웃음 짓는
너의 모습에서
세월을 본다

동창생

세상 살아가며 가까운 친구는
토닥거리며 곁에 있던 학교 동창들이다

까마득한 기억 속 장난질 치던 개구쟁이
꼭꼭 숨어 얼굴도 가물가물 초등학교 시절

공부라는 걸 하면서 맺어진 옆자리 친구
얼굴이 가끔은 그리운 애 띤 중학교 시절

학교 성적에 죽을 둥 살 둥 발버둥 치며
일탈의 아픔도 낭만이라 우기던 고교 시절

사회 나갈 준비에 바쁜 척 으젓하면서도
미팅에 정신 팔렸던 풋내기 청년 대학 시절

나의 삶 나의 동창
그대들이 있어
슬픔은 반이 되고
기쁨은 배가 되었지

세월이 흘러 세상이 변하고
반백머리 된 건너편 동창들
괜시리 서글픈 생각이 든다

하지만 여전히 내 마음속 동창들
지금도 학창 시절과 친구하고 있다

남겨진 시절도
슬픔과 기쁨 나누며
그렇게 한세상
함께 그려 보세나!

친구 모임명 단행 시

아인드라이
아/ 아련한 기억 속 고교 1학년 3반 친구들
인/ 인연 되어 기뻐하며 뒹굴던 시절
드/ 드높은 꿈 하늘 위 수 놓았지
라/ 라일락 꽃향기 흐르는 교정 그리며
이/ 이제는 참 우정 되어 한 세상 사네.

오성회
오/ 오성을 가진 대학 친구들 뜻 모아
    하얀 겨울 눈 속 부여 산골 암자 찾았다
성/ 성공 다짐하며 만든 스터디 그룹
    예불 목탁소리 잠 깨어 책장 넘긴다
회/ 회원 우정 맺은 반백 머리 친구들
    마주 앉아 추억 하나 꺼내 웃는다.

이팔청춘
이/ 이십대 젊은 혈기 국가 부름 받아
팔/ 팔랑개비 사단으로 명 받아 배치되고
청/ 청춘에 빛나는 소위 전방 무적의 간성
춘/ 춘하추동 변치않는 전우애가 다시 뭉쳤네.

만사칠칠
만/ 만인이 부러워하는 든든한 직장
사/ 사회 한 직장에 모인 대학 동창
칠/ 칠칠 학번 하나로 사회 우정 나누었고
칠/ 칠십 넘어 팔십 구십 같이 얼굴 보세나.

성광회
성/ 성복동과 광교를 잇는 옛직장 동료들
광/ 광교산 자락에 옹기종기 모여 살며
회/ 회 한사라 소주 한잔에 지난 시름 잊는다.

시인대학 구기생(9기)
시/ 시인 되어 볼까 생각 하나로
인/ 인연 닿아 모인 낯선 사람들
대/ 대단한 열정 교수님 만나
학/ 학생으로 시를 끄적거리다

9/ 구구절절 시가 되어 가니
기/ 기막히게도, 소박한 시를 모아
생/ 생에 첫 시집을 세상에 내놓습니다.

에필로그

"시인이 되기 전에 사람이 먼저 되어라"

이 말은
대한민국 지식포럼 시인대학 개강식 날,
박종규 교수님의 첫 강의 주제였고
시에 대한 경외심이 가득한 저에게는
시가 어렵게 다가왔습니다.

하지만 시란 그저
엉덩이 무겁게 끄적거리면 된다는 교수님 말씀과
인생 여정 위에 열정적이신 강의가 거듭되면서
주어진 과제 시를 끄적거리기 시작하면서
그 의미를 조금씩 알 것 같았습니다.

관찰하고 내가 느끼는 것을 생각해 보며
그 바탕 위에 표현하는 것이며
그저 사실과 진실 위에 자신을 비춰보고
끄집어내는 것이 시라는 사실을 첫 시집을 내며
이제야 깨닫게 되었습니다.

새벽잠 깨어 노트의 시를 보면
부끄러운 생각도 들지만 처음 끄적이며 썼던
서시 '나의 노래', 들꽃처럼 아무도 알아주지 않지만
이제 걸어온 길보다 걸어갈 길이 짧기에
남은 시절 시와 벗하며 소중하게 곁에 두고
살아가려 합니다.

끝으로 첫 시집을 내며 시인의 길로 안내하신
시인대학 선배이신 3기 감사형통 최진만 시인님,
훌륭한 강의·열정으로 일깨워 주신 박종규 교수님
진심으로 감사의 말씀을 드립니다.

두루두루 감사합니다

2024년 새해 첫날
시인 能見 김 지 열

구름되어 부르는
인생노래

초판 인쇄	2024년 01월 09일
초판 발행	2024년 01월 12일
지은이	김 지 열
발행처	다담출판기획 TEL : 02)701-0680
	서울시 영등포구 영신로30길 14, 2층
편집인	박 종 규
등록일	2021년 9월 17일
등록번호	제2021-000156호
ISBN	979-11-985728-3-7 03800
가격	13,000원